50 соусов для салата.

От простого до изысканного

Автор: Беттина Матте |
Фотограф: Вольфганг Шардт

АСТ • Астрель
Москва
ВКТ Владимир

Практические советы

Материаловедение: уксус влияет на кислоту и характер

Материаловедение: растительное масло — от нежно-миндального до тыквенно-пряного

Самостоятельно сделанные пряные масла: от масла чили до травяного масла

Дополнительно

Рецепты

Ищем партнера по наслаждению!

Разнообразие или игра в путаницу?

Предложение овощей в супермаркетах и у частных продавцов впечатляет: на выбор предлагается 15 и больше сортов листового салата, по меньшей мере столько же сортов трав и различных овощей. Различные приправы, травы, высококачественные соли, изысканные острые приправы сделают из любого салата особое творение. Так, из хариссы из тубы, огненно-острой пасты из перца чили, чеснока, оливкового масла и кумина получится азиатская пряно-острая заправка для салата. Незрелые, еще зеленые перцы чили можно купить на рынке.

Чили «Анчо» и чили «Пасилла» (рис. 1) являются отличными вариантами кайенского перца. Оба можно найти в магазинах и Интернете. Чили «Анчо» — коричневатый порошок с нежным шоколадным вкусом. Красновато-коричневатый порошок чили «Пасилла» — острый и сладко-фруктовый на вкус. Хлопья чили — высушенные, мелкие перцы чили без острых семян. Азиатский кресс-шизо — родственник мяты и шалфея, име-

ет приятный запах, подходит ко всем салатам. Зеленый и красный кресс-салат (рис. 2) имеет острый, похожий на редьку вкус и, как и другие виды кресс-салата, используется в салатах в свежем виде. Лимон сорта «Myrtle» родом из Австралии. Это высушенные измельченные листья с интенсивным запахом лимона. Его можно заменить цедрой лимона.

Салат из особо нежных ингредиентов нуждается в особой соли, например белая соль «Fleur de Sel» («Цветок соли»), которая образуется на поверхности воды и снимается рукой.

«Теллитчери» перец — черный перец позднего сбора, урожай которого собирается, когда перец полностью созрел. Затем его высушивают на солнце, что придает ему особый аромат. Урожай зеленого сушеного перца собирают, когда тот еще не поспел, и высушивают его с помощью горячего воздуха. На вкус он свежетравянистый, немного острый, и его легко размолоть в ступке. По сравнению с зеленым перцем из банки свежий не имеет привкуса уксуса (рис. 3).

1 2 3

4

Приготовленное своими руками намного вкуснее!

При таком многообразии салатов и заправок возникает вопрос — какая заправка подходит к какому салату?

Тот, кому предложение кажется огромным, ухватится за уже готовый салатный микс и готовую заправку для салата из упаковки. Может быть, это практично, если срочно. Но готовые салаты не всегда свежие. Кроме того: вам не хочется знать, чем вы заправляете салат? Стабилизаторы, эмульгаторы, антиоксиданты и ароматизаторы? Лучше нет. Даже тогда, когда готовая заправка для салата вам по вкусу, со временем становится скучно каждый день чувствовать на языке один и тот же вкус.

В этой книге вам гарантировано огромное разнообразие самостоятельно приготовленных соусов для салатов, которые отличаются друг от друга особым вкусом! Даже тот, кто спешит, найдет кое-что для себя. Например, соус «Винегрет» можно приготовить за считаные минуты, при этом вы точно знаете, что там намешано! Также приготовление различных типов салатов не требует больших затрат времени: салат «Айсберг», романский, салатный цикорий или радиччо можно в два счета вымыть и расщипать. Итак, на пути к салатному удовольствию ничего не стоит.

Изысканные сочетания

В каждом соусе соединятся ароматные ингредиенты в одно произведение искусства. Кислые, сладкие, горькие и соленые элементы гармонично подобраны друг к другу. Острота ставит изысканные акценты. Правильная техника смешивания, особенно в майонезе и соусе «Винегрет», заботится о кремообразности эмульсий. Все соусы должны быть хорошо смешаны, тогда они лучше сцепятся с салатом и гарантируют великолепный вкус.

Остаются вопросы: что с чем? какой салат лучше всего подходит к тому или иному соусу или какой соус лучше всего гармонирует с тем или иным салатом? Для того чтобы оптимально комбинировать, вы должны знать вкус салатов и то, какие вкусы дополняют и усиливают друг друга. Кто не уверен в себе, получит прямо сейчас парочку советов:

• Перечно-острые салаты, такие, как рукола или кресс-салат, нуждаются в нежном соусе.

• Горько-терпкие салаты, такие как эндивий или радиччо, удачно сочетаются с насыщенными крепкими соусами, например соусом «Винегрет» с ореховым или тыквенным маслом.

• К салатам с нежным вкусом и легкой структурой, таким как кочанный салат и салат кочанный листовой, подходят легкие соусы на основе йогурта, фрешкрема или фруктового пюре.

• Тонкие листья с насыщенным вкусом, такие как валерианелла, будут прекрасно дополнены сильным на вкус соусом «Винегрет» на ореховом масле.

• Корнеплоды и твердые листовые салаты, такие как романский салат, переносят сытные соусы на майонезе или сыре или соус «Винегрет», сильный, с выраженным кислым вкусом.

А здесь у нас салат!

Изящные на вкус соусы представляют подходящие по вкусу салаты — от мягкого и сладкого до насыщенного и горького на вкус.

Кочанный салат и салат «Айсберг»
Кочанный салат имеет легкий вкус и хрустит. Лакомым кусочком считается светло-зеленая сердцевина салата, сладковатая на вкус. Салат «Айсберг», родственник кочанного салата.

Батавия зеленая и батавия красная
Листья у салата более хрустящие, чем у кочанного салата, но не такие плотные, как у «Айсберга». Оба салата сытнее, чем кочанный салат и салат «Айсберг».

Романский салат и романский мини-салат
Хрустящие и ароматные. На внешних темно-зеленых листьях прожилки немного твердые, их можно удалить. Внутренние листья светло-зеленого цвета, нежные. Особенно хрустящие и вкусные сердцевины у романского мини-салата. Их можно разрезать вдоль пополам и сбрызнуть соусом.

«Лоло россо» и «Лоло биондо»
Курчавые красноватые или зеленые листья являются декоративными в салатном букете. Они обладают пряным, слегка горьковатым вкусом.

Салатный цикорий, эндивий и фризе
Эти сорта — родственники. У салатного цикория листья плотные, хрустящие, идеально подходят для соусов. «Тревизо» — красноватая выведенная форма. Эндивий пряный на вкус, с приятной горчинкой. Нежный перистый фризе имеет более нежный вкус. Его светло-зеленые внутренние листочки хорошо использовать в приготовлении смешанных салатов и для украшения.

Радиччо и «Кастельфранко»
Радиччо имеет вкус от сильного и терпкого до горького. Цвета красного вина и фиолетового цвета с белыми прожилками, он также является родственником салатного цикория. Его выращивают маленькими, плотными кочанами. Радиччо особо охотно смешивают с более нежными сортами салатов. «Кастельфранко», форма радиччо, имеет декоративные бело-зеленые листья с темно-красными крапинками и на вкус намного нежнее.

Рукола
Тонкие и длинные, резные темно-зеленые листья имеют выраженный, терпко-ореховый, острый и немного кисловатый вкус. Рукола хорошо сочетается с помидорами и пармезаном. Старые темно-зеленые листья на вкус еще более яркие и подходят для приготовления соуса «Песто».

Зеленый салат
Темно-зеленые и красно-коричневые мягкие листья быстро увядают, поэтому съедать их нужно сразу после того, как их сорвали. Они имеют легкий ореховый вкус.

Фельд-салат
Маленькие, мягкие, темно-зеленые листья растут в букетиках, которые имеют один корень. Их ореховый, слегка горьковатый вкус гармонично сочетается с кусочками шпика и гренками.

Кочанный салат

«Батавия»

Романский салат

«Лоло россо»

Салатный цикорий, эндивий и фризе

Радиччо

Рукола

Зеленый салат

Фельд-салат

Салат попадает в компанию

Сырые, тушеные или приготовленные на гриле овощи, дополненные листовыми салатами с отличным соусом, становятся полноценной пищей.

Клубни и корнеплоды привносят вкус салату: свекла сладковатая и немного землистая. Корневой сельдерей и пастернак — орехово-пряные на вкус, а морковь — сладковато-нежная. Всеми этими овощами можно наслаждаться как в свежем, так и в приготовленном виде. Редька и редис, сочные, острые, лучше всего в свежем виде. С ботанической точки зрения картофель — это растение семейства пасленовых, но в качестве клубней он очень любим!

Плодоовощи Огурцы используют в салате, очищенными от кожуры и без семечек. Только спелые помидоры обладают полным ароматом и сладко-кислым вкусом. Авокадо с их нежно-ореховым вкусом подходит к листовым салатам с ярко выраженным вкусом. Сладкие перцы вкусны в свежем виде, но изысканнее очищенные или приготовленные на гриле. Цукини с нежно-ореховым вкусом хорошо подходят для жарки, тушения, гриля и употребления в свежем виде. Баклажаны в сыром виде невкусные, но, если их приготовить на гриле или запекать, они приобретут изумительный вкус. Стручки гороха бланшируют, затем полощут в ледяной воде, чтоб они остались хрустящими и сладкими.

Кочанные овощи Белая, красная, острокочанная, савойская и китайская капуста хороши на вкус не только в приготовленном, но в сыром виде: белая капуста имеет горько-острый вкус, красная слаще. Острокочанная и савойская капуста похожи на белую капусту, но на вкус чуть

мягче. Китайская капуста — кочан, но листья у нее похожи скорее на салат. Приготовленные на пару розочки цветной капусты и капусты брокколи на вкус нежнее салата.

Лук Все сорта лука на вкус пряные и острые. Особенной интенсивностью во вкусе обладает желтый лук. Красный лук не такой острый, при этом ароматнее, а белый лук по вкусу похож на красный. Самый благородный — маленький белый или красный лук-шалот. Свежий весенний лук напоминает шнитт-лук.

Стеблевые овощи Стебель сельдерея — имеет свежий вкус и нежный аромат. Целые стебли идеально подходят к соусам, в салаты их можно нарезать тонкими ломтиками, а если мелко нарезать кубиками, то они могут заменить лук. Спаржу варят, готовят на пару или тушат. Она имеет отличный вкус и в том случае, если ее нарезать тонкими ломтиками или обжарить. Белую спаржу обычно чуть бланшируют, затем обжаривают на растительном или сливочном масле. Зеленую спаржу можно обжаривать в сыром виде. Фенхель имеет сладковатый вкус, похож на анис, обычно его тушат или употребляют в сыром виде, шинкуя мелкими ломтиками.

Травы привносят свежесть, цвет, пряность и аромат в салат: перечно-пряная петрушка, нежный и мягкий кервель, свежий и острый шнитт-лук и шнитт-чеснок, горчично-острый салат крессе, горьковато-ароматный тмин, сладкий и свежий укроп, ароматная кинза, анисовый эстрагон.

Клубни и корнеплоды

Плодоовощи

Кочанные овощи

Лук

Стеблевые овощи

Травы

Все о соусе «Винегрет»

Для соуса «Винегрет» понадобится часть уксуса либо часть свежевыжатого сока лимона или лайма и три части растительного масла.

Основной рецепт: Травяной соус «Винегрет»

1 лук-шалот (по вкусу)
1 ст. л. белого винного уксуса
$1/2$ ч. л. соли | $1/2$ ч. л. сахара
1 ч. л. горчицы
2 ст. л. бульона
5 ст. л. оливкового масла
черный свежемолотый перец
$1/2$–1 пучок петрушки (или эстрагона, кервеля и т. д.)

На 4 порции | ◷ — 15 минут
В 1 порции около 120 ккал,
0 г белков, 13 г жиров,
1 г углеводов.

1. Лук-шалот очистить и мелко нарезать (рис. 1). Уксус перемешать с солью и сахаром, пока и то и другое не растворится. Затем добавить горчицу и бульон.

2. Оливковое масло вливать тонкой струей, постоянно помешивая, пока не получится однородная эмульсия (рис. 2). Приправить перцем, добавить лук-шалот, все перемешать.

3. Помыть петрушку, промокнуть полотенцем и мелко порубить. Добавлять в соус «Винегрет» перед самой сервировкой (рис. 3).

Классический соус «Винегрет»

2 ст. л. уксуса или лимонного сока смешать с $1/2$ ч. л. соли, пока она не растворится. Добавлять 6 ст. л. масла, например оливкового масла, сначала по капельке, а затем тонкой струей, постоянно помешивая, довести все до однородной массы. Приправить 1–2 ч. л. свежемолотого перца.

Совет

Все ингредиенты можно смешивать в стеклянной банке с закручивающейся крышкой. Все составляющие соуса «Винегрет», смешанные вручную, соединяются оптимальным образом. Соус становится более однородным, кремообразным и лучше сцепляется с листьями салата.

Томатный соус «Винегрет»

8 стеблей базилика
1 зубчик чеснока, по возможности свежего
300 г спелых ароматных томатов
морская соль
2 ч. л. кленового сиропа
2 ч. л. томатного уксуса (или белого винного уксуса)
черный свежемолотый перец
2 ст. л. растительного масла

На 4 порции | ⏲ — 25 минут
Выделение сока — 2 часа
В 1 порции около 65 ккал,
0 г белков, 5 г жиров,
5 г углеводов.

1. Базилик вымыть и промокнуть полотенцем. Нежные листики отложить в сторону, стебли и остальные листья порубить. Чеснок почистить и мелко нарезать.
2. Томаты вымыть. С одного томата снять кожицу с помощью ножа для экономной чистки овощей, разделить на 4 части, достать сердцевину и отложить в сторону. Остальные томаты крупно нарезать, добавить чеснок, базилик и соль, сделать из всего пюре с помощью блендера. Все выложить в мелкое сито и, оставив на 2 часа, дать стечь, без перемешивания, так, чтобы стек чистый томатный сок.
3. 80 мл томатного сока вскипятить и остудить. Добавить кленовый сироп и уксус, посолить и поперчить. Постепенно влить оливковое мало. Очищенные томаты мелко нарезать, мелко порубить отложенные нежные листочки базилика и все вмешать в соус «Винегрет».

Совет по переработке
Остатки томатов из сита вы можете использовать в приготовлении соусов.

К чему больше всего подходит этот соус?
Моцарелла «Буффало» (на рисунке), зелень горной чечевицы, теплый картофель в мундире.

Нежно-ароматный

Соус «Винегрет» с портвейном

40 г лука-шалота
$1^1/_2$ ст. л. масла косточек винограда
100 мл портвейна
400 мл телячьего бульона (стакан)
апельсин
$^1/_2$ пучка гладкой петрушки
1 ст. л. дижонской горчицы
1 ст. л. меда акации
морская соль

На 4 порции | ⏱ — 20 минут
В 1 порции около 200 ккал, 5 г белков, 6 г жиров, 25 г углеводов.

1. Лук-шалот почистить и мелко нарезать, разогреть $^1/_2$ ст. л. масла косточек винограда и обжарить в нем лук-шалот. Добавить портвейн, тушить, пока портвейн почти не выкипит. Залить все телячьим бульоном и уварить на $^1/_4$, затем остудить.
2. Апельсин вымыть в горячей воде, вытереть насухо и натереть 2 ч. л. цедры. Петрушку ополоснуть водой и высушить, листья мелко порубить.
3. Вскипевший бульон перемешать с горчицей и медом, посолить и поперчить. Добавить оставшееся масло, цедру апельсина и петрушку.

К чему больше всего подходит этот соус?
Романский салат, сердцевина кочанного салата, фельд-салат

Маленькое дополнение
Обжаренные ядра грецкого ореха

Отличное дополнение
Зелень горной чечевицы

Восточно-пряный | Острый

Соус «Винегрет» с гранатом и яблоком

2 стебля тмина (или мяты)
1 ст. л. гранатового сиропа
апельсин | 2 ст. л. меда акации
$^1/_2$–1 ч. л. пасты харисса
морская соль
черный свежемолотый перец
$^1/_4$ ч. л. молотого кумина
1–2 пакетика молотой корицы
5 ст. л. оливкового масла

На 4 порции | ⏱ — 10 минут
В 1 порции около 160 ккал, 0 г белков, 12 г жиров, 12 г углеводов.

1. Апельсин вымыть и вытереть. Натереть 2 ст. л. цедры, выжать 3 ст. л. сока. Тмин помыть и высушить, листья порубить.
2. Апельсиновый сок смешать с гранатовым сиропом, медом, хариссой, солью и специями. Масло вмешивать постепенно с помощью венчика. Вмешать цедру апельсина и тмин.

К чему больше всего подходит этот соус?
Артишоки, «Лоло россо», радиччо, романский салат

Отличное дополнение
Свежие зерна граната, дольки апельсина, финики

Хорошо знать, что
Темно-красный, густой сироп граната из незрелых гранатов на вкус кисловатый, фруктово-горький и применяется в мариновании и солении. Харисса — огненно-острая паста из тубы. Оба ингредиента можно найти в азиатских магазинах или в Интернете.

Вверху: Соус «Винегрет» с портвейном | Снизу: Гранатовый соус «Винегрет»

Огуречный соус «Винегрет»

В этом свежем и остром соусе сочетание из кусочков огурца, инжира и кинзы создает азиатскую легкость.

1/2 салатных огурцов (около 200 г)
морская соль
10 г свежего инжира
1/2 ч. л. сухих зеленых зерен перца
1/2 пучка кинзы
1 ст. л. рисового уксуса
1 ч. л. сахара
3 ст. л. апельсинового сока
2 ст. л. масла косточек винограда
1 ч. л. темного кунжутного масла

На 4 порции | ⏲ — 15 минут
В 1 порции около 70 ккал,
0 г белков, 6 г жиров, 3 г углеводов.

1. Огурец вымыть, очистить, разрезать поперек и с помощью ложки достать сердцевину. Около 1/4 мякоти мелко нарезать и отложить в сторону. Оставшийся огурец крупно нарезать и немного посолить. Инжир почистить и мелко натереть. Зерна перца растолочь в ступке. Кинзу промыть и стряхнуть излишки влаги, листочки и нежные стебли мелко нарезать.

2. Уксус смешать с сахаром и апельсиновым соком, пока сахар в нем не растворится. Вмешать оба вида масла. Добавить крупные кусочки огурца и инжир, с помощью блендера сделать пюре. Добавить соль и перец. Вмешать кинзу и мелкие кусочки огурца.

К чему больше всего подходит этот соус?

Кочанный салат (на рисунке), авокадо (на рисунке), свекла, корень сельдерея, зеленая чечевица, вареная свинина, тафельшпиц

Маленькое дополнение

Мелко нарезанные стручки зеленого перца чили

Совет по замене

Кинзу и кунжутное масло можно заменить петрушкой и тыквенным маслом.

Орехово-пряный | Пикантный

Соус «Винегрет»
с грецким орехом

70 г ядер грецкого ореха | зубчик
чеснока | 1 ч. л. кленового сиропа
5 ст. л. овощного бульона и бульона
из мяса птицы | морская соль
черный свежемолотый перец
2 ст. л. масла косточек виноград
2 ст. л. масла грецкого ореха

На 4 порции | ⏱ — 15 минут
**В 1 порции около 130 ккал, 1 г бел-
ков, 12 г жиров, 3 г углеводов.**

1. Обжарить ядра грецкого ореха на
сковороде без жира. Остудить и крупно
порубить. Чеснок очистить и мелко нарезать. Из чеснока и 2/3 грецких орехов
сделать пасту в измельчителе. Смешать
с кленовым сиропом и фондом, посолить и поперчить. Постепенно добавить
оба вида масла. Затем перемешать с ос-
тавшимися грецкими орехами.

К чему больше всего подходит этот соус?
Радиччо (на рисунке), одуванчик, фризе, авокадо, яблоко, черешковый сельдерей и корень сельдерея, фенхель

Травы
Шнитт-лук, кервель, петрушка

Азиатский | Васаби острый

Соус «Винегрет»
с яблоком и васаби

300 мл яблочного сока
1/2 пучка кинзы | 2 ч. л. васаби
1 ст. л. яблочного уксуса
2 ст. л. светлого соевого соуса
2 ст. л. соевого масла
(или масла расторопши)
1 ч. л. темного кунжутного масла

На 4 порции | ⏱ — 20 минут
**В 1 порции около 105 ккал, 0 г бел-
ков, 6 г жиров, 12 г углеводов.**

1. Вскипятить яблочный сок, оставить
вариться еще на 10 минут, уварить при
этом на 100 мл. Остудить. Кинзу вымыть, стряхнуть излишки влаги. Порубить листочки и нежные стебли.
2. Смешать васаби с уксусом, затем добавить соевый соус и яблочный сок.
Вмешать соевое масло. Осторожно вмешать кунжутное масло и кинзу.

К чему больше всего подходит этот соус?
Китайская капуста (на рисунке), белокочанная капуста, ломтики или кусочки
моркови (на рисунке)

Маленькое дополнение
1 ст. л. обжаренных семян кунжута

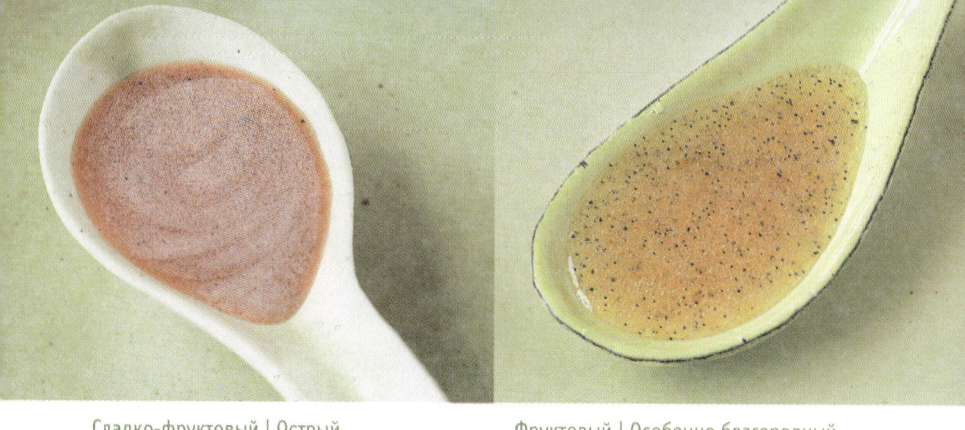

Соус «Камберленд»

125 г желе из красной смородины
100 мл апельсинового сока
2–3 ст. л. дижонской горчицы
5 ст. л. миндального масла
морская соль
черный свежемолотый перец
кайенский перец

**На 4 порции | ◎ — 5 минут
В 1 порции около 200 ккал,
1 г белков, 13 г жиров,
22 г углеводов.**

1. Приготовить с помощью блендера пюре из желе красной смородины, апельсинового сока и горчицы.
2. Во время смешивания в пюре постепенно добавлять масло миндаля, пока не получится однородная эмульсия. Заправить солью, перцем и кайенским перцем.

К чему больше всего подходит этот соус?
Фельд-салат, карпачо из вареной свеклы, романский салат с козьим сыром

Вариант
Для того чтобы соус был кремообразным, следует заменить апельсиновый сок 1–2 ч. л. свежей цедры апельсина.

Ванильный соус «Винегрет»

$^1/_2$ стручка ванили
300 мл апельсинового сока
1 ст. л. кленового сиропа
мелкая морская соль
черный свежемолотый перец
2 ст. л. масла расторопши
2 ст. л. масла грецкого ореха
1–2 пакетика кайенского перца

**На 4 порции | ◎ — 25 минут
В 1 порции около 140 ккал, 1 г белков, 10 г жиров, 10 г углеводов.**

1. Стручок ванили разрезать вдоль, выложить пасту. Пасту, стручок и апельсиновый сок вскипятить, варить в течение 10 минут, уварить до 100 мл. Остудить, а стручок вынуть.
2. Смешать апельсиновый сок с кленовым сиропом, солью и перцем. Оба вида масла постепенно добавить в соус, приправить кайенским перцем.

К чему больше всего подходит этот соус?
Смесь из нежных листовых салатов

Отличное дополнение
Креветки, сырой тунец, филе утки, эстрагон.

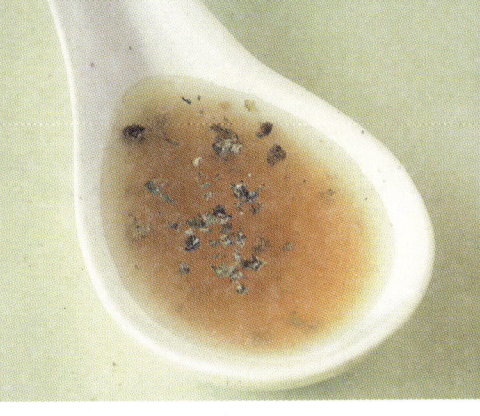

Фисташковый соус «Винегрет»

4 шт. небольших весенних луковиц
80 г обжаренных соленых фисташек
лимон
$1/2$ ч. л. сахара
морская соль
черный свежемолотый перец
8 ст. л. оливкового масла
На 4 порции | ⊚ — 20 минут
В 1 порции около 250 ккал, 2 г белков, 25 г жиров, 4 г углеводов.

1. Очистить весенний лук, помыть и мелко нарезать. Фисташки очистить и нарезать не очень мелко. Вымыть лимон в горячей воде и вытереть насухо. Натереть 1 ч. л. лимонной цедры, выжать 3 ст. л. лимонного сока.
2. Смешать сок лимона с сахаром, солью, перцем. Вмешать оливковое масло. Добавить цедру лимона, фисташки и весенний лук.

К чему больше всего подходит этот соус?
Романский салат, салатный цикорий, фризе, авокадо

Отличное дополнение
Мелкий картофель в мундире

Яблочный соус «Винегрет»

400 мл яблочного сока
$1^1/2$ ст. л. яблочного сока
2 ст. л. кленового сиропа
$1/2$ ч. л. сухих зерен зеленого перца
морская соль
4 ст. л. масла макадамии
(или миндального масла)
На 4 порции | ⊚ — 20 минут
В 1 порции около 170 ккал, 0 г белков, 10 г жиров, 21 г углеводов.

1. Вскипятить яблочный сок, уварить в течение 10 минут на 150 мл, затем остудить. Смешать яблочный уксус с кленовым сиропом. Растолочь зеленый перец в ступке, добавить соль и яблочный сок и перемешать. Постепенно добавлять масло.

К чему больше всего подходит этот соус?
Фельд-салат, фризе, одуванчик, нежный дикий салат

Отличное дополнение
Жареные шампиньоны, боровики, копченая форель

Подходящие травы
Мелисса, эстрагон, кервель

Комбинация средней остроты

Картофельный соус «Винегрет»

40 г лука-шалота | 150–200 мл бульона
1 разваренная картофелина (100 г)
3 ст. л. растительного масла
1 ст. л. белого винного уксуса
1 свежий яичный желток
1 ч. л. зерновой горчицы | 1 ч. л. сахара
морская соль | черный перец
На 4 порции | ⏱ **— 15 минут**
В 1 порции около 115 ккал, 2 г белков, 9 г жиров, 6 г углеводов.

1. Лук-шалот очистить и мелко нарезать. Картофель очистить, помыть и также мелко нарезать.
2. Разогреть 1 ст. л. растительного масла, потушить в нем лук. Добавить картофель, сверху залить бульоном и варить 15–18 минут. Затем остудить.
3. Картофель растолочь. Добавить уксус и яичный желток, перемешать венчиком до однородной массы. Добавить столько бульона, сколько нужно, чтобы консистенция была кремообразна. Заправить горчицей, сахаром, солью и перцем. Постепенно добавить оставшееся масло.

К чему больше всего подходит этот соус?
Фризе (на рисунке), радиччо, рукола

Маленькое дополнение
Растопленный шпик (на рисунке)

Отличное дополнение
Обжаренная зеленая спаржа, яйца, сваренные вкрутую, обжаренные семена тыквы

Травы
Петрушка, шнитт-лук

Сильно пряный

Соус «Винегрет» с анчоусами

2 яйца | лимон | 1–2 ст. л. молока
4–6 филе анчоусов (соленые или в масле)
1 ст. л. соленых каперсов | 1/2 пучка
шнитт-лука | морская соль | 5 ст. л.
оливкового масла | черный перец
На 4 порции | ⏱ **— 25 минут**
В 1 порции около 180 ккал, 6 г белков, 16 г жиров, 1 г углеводов.

1. Яйца сварить вкрутую, залить холодной водой, очистить и разрезать пополам. Лимон вымыть, натереть 1 ч. л. цедры, отжать 1 ст. л. сока лимона. Филе анчоусов промыть (соленые) или слить с них масло (в масле), подсушить и мелко нарезать. Промыть соленые каперсы под холодной водой, подсушить и порубить. Шнитт-лук промыть холодной водой и нарезать мелкими колечками.
2. Смешать в блендере яичный желток с лимонным соком, осторожно добавляя масло. Потом добавить анчоусы и каперсы, еще раз все перемешать. Можно добавить молока. Посолить, поперчить. Добавить шнитт-лук. По желанию порубить яичный белок и добавить в соус.

К чему больше всего подходит этот соус?
Романский салат, томаты (рисунок), рукола, картофель в мундире

Отличное дополнение
Тафельшпиц, грудка индюшки (рисунок)

Хорошо знать, что...
соленые каперсы хранятся в морской соли. Если их промыть, они имеют типичный вкус каперсов.

Слева: Соус «Винегрет» с анчоусами | Справа: Картофельный соус «Винегрет»

Кремообразные соусы

Они нежно обволакивают нёбо: кремообразные соусы с мягким сыром или сыром с ярким вкусом. Такой дрессинг как медовый соус с козьим сыром, легкие и освежающие соусы с пахтой, йогуртом или творожным сыром и пряные творения со свеже-приготовленным майонезом. Здесь обрадуется не только салат, но и цукини, артишоки, печеный картофель и жаркое.

Медовый соус с козьим сыром

250 г козьего творожного сыра
2 ст. л. меда акации
2 ст. л. молока
$^1/_2$–1 ст. л. белого бальзамического
уксуса
2 маленьких свежих перца
халапеньо
морская соль
зеленый свежемолотый перец

На 4 порции | ⊕ — 10 минут
В 1 порции около 210 ккал,
13 г белков, 13 г жиров,
9 г углеводов.

1. Размять творожный сыр вилкой, с помощью венчика смешать все с медом, молоком и $^1/_2$ ст. л. уксуса до однородной массы.
2. Перцы разрезать пополам, вычистить, помыть и мелко нарезать. Замешать в соус, посолить и приправить перцем. По вкусу можно добавить еще уксуса.

**К чему больше всего подходит
этот соус?**
Романский салат, черешковый сельдерей, цукини, приготовленный на гриле (рисунок)

Маленькое дополнение
Рубленые фисташки

Вариант
Если приготовить соус без молока, то он будет гуще и отлично сочетаться с кусочками овощей или как наполнитель для запеченного картофеля.

Соус с пармезаном

Единственный в своем роде вкус этот соус получает от насыщенного сыра пармезан, анчоусов и пряного соуса «Ворчестер».

2 яйца
2–4 филе анчоусов
(соленых или в масле)
зубчик чеснока
30 г сыра пармезан
2 ч. л. лимонного сока
1 ч. л. соуса «Ворчестер»
5 ст. л. оливкового масла
2 ст. л. бульона (по вкусу)
морская соль
черный свежемолотый перец
**На 4 порции | ⊚ — 20 минут
В 1 порции около 195 ккал,
8 г белков, 18 г жиров,
1 г углеводов.**

1. Яичный белок и желток разделить (белок можно применить в другой раз). Филе анчоусов промыть (соленые) или слить масло (в масле), подсушить и мелко нарезать. Сыр натереть на мелкой терке.
2. Яичные желтки смешать с лимонным соком и соусом «Ворчестер». Постепенно вливать масло, по желанию можно добавить бульон. Вмешать анчоусы, чеснок и сыр пармезан, приправить солью и перцем.

К чему больше всего подходит этот соус?
Томаты, романский салат (рисунок), рукола, картофель в мундире

Отличное дополнение
Чесночные гренки

Вариант
Пармезан натереть крупно стружкой и не вмешивать в соус, а посыпать сверху салат

Средиземноморский | Сильно пряный

Соус с сыром фета и маслинами

150 г сыра фета | 120 мл молока
25 г маслин | 4 стебля базилика
25 г сушеных томатов в масле
черный свежемолотый перец
1/4 ч. л. хлопьев чили
На 4 порции | ⊚ **— 15 минут**
В 1 порции около 140 ккал,
7 г белков, 10 г жиров,
6 г углеводов.

1. Сыр фета размять, сделать с помощью молока пюре, при необходимости пропустить все через сито. Отделить маслины от косточек, мелко нарезать. Дать стечь маслу с томатов, также мелко нарезать. Базилик вымыть и стряхнуть лишнюю воду, листья мелко порубить. Осторожно вмешать с маслинами и томатами в соус из феты. Приправить солью и перцем.

К чему больше всего подходит этот соус?
Томаты, черешковый сельдерей, огурцы, баклажаны и цукини, приготовленные на гриле, запеченный картофель

Маленькое дополнение
Обжаренные сосновые орешки

Насыщенный | Пряный

Соус с сыром горгонзола

80 мл бульона из мяса птицы
или овощного бульона
70 г сыра горгонзола
100 г творожного сыра (16% жирности)
1 ч. л. грушевого концентрированного
сока
кайенский перец (или чили «Пасила»)
черный перец | несколько нитей чили
На 4 порции | ⊚ **— 15 минут**
В 1 порции около 120 ккал, 6 г белков, 10 г жиров, 3 г углеводов.

1. Бульон вскипятить. С сыра горгонзола срезать корочку и нарезать. Бульон снять с огня, растопить в нем сыр, постоянно помешивая, затем остудить. Добавить творожный сыр и грушевый сок, сделать пюре. Сильно приправить кайенским перцем и перцем. Нити чили порубить и посыпать сверху.

К чему больше всего подходит этот соус?
Томаты (с базиликом), щавель, фельдсалат, радиччо, эндивий или салат фризе (с грушей), салатный цикорий (с мякотью розового грейпфрута), спаржа

Маленькое дополнение
Обжаренные ядра грецкого ореха

Изысканный | С пряными травами

Соус из пахты с тыквенными семечками

70 г фельд-салата (или петрушки)
150 г творожного сыра (16% жирности)
1 ст. л. яблочного уксуса
2 ч. л. сиропа агавы | 150 г пахты
1 ч. л. соли с пряностями
зеленый свежемолотый перец
1 ст. л. тыквенного масла
На 4 порции | ⏱ — 15 минут
В 1 порции около 130 ккал, 5 г белков, 9 г жиров, 7 г углеводов.

1. Фельд-салат очистить, вымыть. Положить в высокий стакан, залить пахтой и измельчить блендером. Добавить творожный сыр, смешивать пока не получится однородная консистенция.
2. Заправить уксусом, сиропом агавы, солью и перцем. Постепенно вмешивать обжаренные тыквенные семечки.

К чему больше всего подходит этот соус?
Огурец, сельдерей, зеленая фасоль, цветная капуста (нашинкованная в сыром виде или вареная), картофель в мундире

Маленькое дополнение
Обжаренные тыквенные семечки, яйца всмятку или вкрутую

Салат из цветной капусты
1 маленький кочан цветной капусты разделить на розочки и держать в сетчатом лотке над кипящей водой около 6–8 минут. Промыть холодной водой и держать в соусе 30 минут. Обжарить 2 ст. л. тыквенных семечек и посыпать салат сверху.

Средней кислоты | Сладковатый

Классический сливочный соус

3 ст. л. лимонного сока
1–2 ст. л. сахара
100 г сливок
100 г сметаны
1 щепотка морской соли (по вкусу)
черный свежемолотый перец (по вкусу)
На 4 порции | ⏱ — 15 минут
В 1 порции около 140 ккал, 1 г белков, 10 г жиров, 10 г углеводов.

1. Лимонный сок перемешать с сахаром и помешивать до тех пор, пока сахар не растворится.
2. Постоянно помешивая, добавить сначала сливки, затем сметану. По вкусу можно посолить и поперчить.

К чему больше всего подходит этот соус?
Салатные сердцевины (с петрушкой в соусе), огурец (с укропом в соусе), салатный цикорий с яблоком (с кресс-салатом и ядрами грецкого ореха), клубника (с мятой)

Отличное дополнение
Филе сельди, копченое филе форели

Травы
Кервель, петрушка, шнитт-лук, кресс-салат, укроп, мята

Вариант
Этот соус хорош как базис для приготовления «Франкфуртского зеленого соуса». Для этого порубить типичную травяную смесь (петрушка, шнитт-лук, огуречник, бедренец, кервель, кресс-салат, щавель) и смешать с соусом.

Слева: Классический сливочный соус | Справа: Соус из пахты с тыквенными семечками

Йогуртовый соус с авокадо

Удавшееся вкусовое приключение из нежно-орехового авокадо
со сладкими, кисловатыми, свежими и острыми компонентами.

Зеленый стручок перца чили
(например, стручок халапеньо)
6–8 перьев шнитт-лука | 150 г йогурта
маленькое, спелое авокадо
(125 г фруктовой мякоти)
1 ч. л. яблочного концентрированного
сока
1 ч. л. белого бальзамического уксуса
2–3 ст. л. молока | соль с пряностями
зеленый свежемолотый перец

На 4 порции | ⊚ — 15 минут
В 1 порции около 130 ккал, 1 г бел-
ков, 12 г жиров, 4 г углеводов.

1. Стручок перца разрезать поперек, очистить, промыть и мелко нарезать. Шнитт-лук промыть и подсушить, нарезать тонкими колечками.

2. Авокадо разрезать пополам, удалить косточку, достать фруктовую мякоть и размять вилкой. Добавить к мякоти йогурт, яблочный сок и уксус, сделать пюре. Добавлять молоко, пока не получится кремообразная консистенция. Приправить солью, перцем, вмешать чили и шнитт-лук.

К чему больше всего подходит этот соус?

Фенхель, огурец, романский салат, белокочанная капуста с морковью в сыром виде, зеленая фасоль, стручковый сахарный горошек, артишоки

Отличное дополнение

Маленькие гренки, обжаренные семечки кунжута

Варианты

Заменить зеленый стручок перца чили полностью или частично васаби или хреном и посыпать соус кресс-шизо.

Огуречный салат-кораблик

Очистить 1 салатный огурец, разрезать вдоль, чайной ложкой убрать семечки, нарезать кубиками в 1 см и посолить. Перемешать с йогуртовым соусом с авокадо. Оторвать от романского мини-салата листочки, промыть, стряхнуть излишки влаги и наполнить огуречным салатом. По вкусу можно нарезать 1–2 стручка перца халапеньо мелкими колечками и посыпать сверху.

Йогуртовый соус с укропом

лимон | 2 зеленых плода кардамона
$1/2$ пучка укропа (или лимонного чабреца)
250 г йогурта | 1 ст. л. сиропа агавы
$1^1/2$ ст. л. оливкового масла
морская соль
черный свежемолотый перец
На 4 порции | ⊚ — 10 минут
В 1 порции около 120 ккал, 0 г белков, 10 г жиров, 6 г углеводов.

1. Лимон вымыть в горячей воде, вытереть насухо, натереть 2 ч. л. цедры. Укроп вымыть и стряхнуть излишки влаги, отложить в сторону 2 веточки укропа для сервировки, остальное мелко порубить. Плоды кардамона раскрыть, семена размолоть в ступке.
2. Йогурт смешать с сиропом агавы, осторожно вмешать оливковое масло. Затем вмешать цедру лимона, нарубленный укроп и кардамон, посолить и поперчить.

К чему больше всего подходит этот соус?
Огурцы, кочанный салат, картофельный салат, яблоко, маринованный огурец и вареное яйцо

Йогуртовый соус с мятой

лайм | 6 стеблей мяты
2 зубчика чеснока, желательно свежих
300 г греческого йогурта (10% жирности)
2 ст. л. оливкового масла
2 ч. л. сахара | морская соль
черный перец
На 4 порции | ⊚ — 15 минут
В 1 порции около 150 ккал, 0 г белков, 12 г жиров, 7 г углеводов.

1. Лайм вымыть в горячей воде и вытереть насухо. Натереть 1 ч. л. цедры, отжать 1 ст. л. лимона. Чеснок очистить и мелко нарезать. Мяту ополоснуть и подсушить. Листья положить один на другой, сначала нарезать тонкими полосками, а затем еще мельче. Смешать йогурт с соком лайма и маслом, заправить сахаром, солью и перцем. Смешать с чесноком и мятой.

К чему больше всего подходит этот соус?
Огурец, салатные сердцевины, свежий или приготовленный на гриле цукини

Отличное дополнение
Жареный картофель, обжаренные сосновые орешки

Сладко-фруктовый | Очень острый

Брусничный соус

апельсин | морская соль
2 ч. л. сухих зерен зеленого перца
150 г брусничного компота
5 ч. л. смеси из хрена (острая, из банки)
1 пучок салата «Кресс-шизо»
(или $1/2$ пучка садового салата)
На 4 порции | ⏱ — 10 минут
В 1 порции около 80 ккал, 1 г белков, 1 г жиров, 20 г углеводов.

1. Апельсин вымыть в горячей воде и вытереть насухо. Натереть 2 ч. л. цедры, отжать 75 мл сока. Размолоть зерна перца в ступке.
2. Сделать пюре из брусничного компота, апельсинового сока и смеси из хрена, при этом ягоды брусники частично должны остаться целыми. Приправить соус солью и перцем. Нарезать кресс-салат и посыпать сверху.

К чему больше всего подходит этот соус?
Вареная, холодная свекла, свежий корень сельдерея и яблоко, салатные сердцевины

Отличное дополнение
Филе копченой форели, нарезка из копченого мяса

Варианты — крем из брусники
Для этого следует приготовить соус без апельсинового сока и дополнительно добавить 2 ч. л. творожного сыра. Этот соус можно сервировать просто так или применять как наполнитель к черешковому сельдерею, готовой полой свекле или свиным рулетикам, а также как гарнир к холодному жаркому или ростбифу.

Экзотический | Сладковато-острый

Банановый соус с карри

маленький стручок красного перца чили
1 банан (100 г мякоти) | 150 г йогурта
1 ст. л. манго-чатни | морская соль
$1/2$ ч. л. порошка карри (средней остроты или острый)
1 ч. л. сока лайма (по вкусу)
черный свежемолотый перец
На 4 порции | ⏱ — 10 минут
В 1 порции около 68 ккал, 0 г белков, 4 г жиров, 7 г углеводов.

1. Стручки перца разрезать вдоль, почистить, вымыть и мелко нарезать. Банан почистить, нарезать крупными кусками, сделать пюре, добавив йогурт и манго-чатни. Приправить карри, солью, перцем, соком лайма, посыпать сверху чили.

К чему больше всего подходит этот соус?
Салат «Айсберг», фризе, «Лоло россо», зеленый салат, радиччо, цветная и белокочанная капуста

Отличное дополнение
Ананас, манго или папайя, креветки

Травы
Мята, петрушка, кинза

Экзотический салат из шинкованной капусты
Мелко нашинковать кусок белокочанной капусты. Очистить 2 моркови и нарезать тонкими ломтиками. Смешать овощи с соусом и 2 ст. л. изюма и поставить в холодильник, накрыв крышкой. 2 ломтика ананаса мелко нарезать, смешать с салатом. Посыпать сверху мелко порубленной кинзой или колечками шнитт-лука.

Сверху: Банановый соус с карри | Снизу: Брусничный соус

Универсальный пряный

Соус «Тартар»

Пряно-солёные анчоусы и солено-кисловатые каперсы и корнишоны привнесут лоск в кремовый майонез.

яйцо
4 филе анчоусов (соленых
или в масле)
2 ст. л. соленых каперсов
$1/2$ пучка гладкой петрушки
25 г корнишонов
200 г майонеза (рецепт на с. 12
или готовый продукт)
морская соль
черный свежемолотый перец
2–3 ч. л. лимонного сока
5 ст. л. йогурта (по вкусу)
**На 4 порции | ⊙ — 20 минут
В 1 порции около 260 ккал,
4 г белков, 21 г жиров,
14 г углеводов.**

1. Яйцо сварить вкрутую, залить холодной водой и оставить охлаждать. Между тем промыть филе анчоусов (соленых) или дать стечь маслу (в масле), посушить и мелко порубить. Соленые каперсы промыть в холодной воде, стряхнуть излишки воды и также мелко порубить.
2. Вымыть петрушку, стряхнуть излишки воды, листья мелко порубить. Корнишоны тоже мелко порубить. Яйцо очистить, белок мелко порубить (желток не использовать).
3. Смешать майонез с анчоусами, каперсами, петрушкой, корнишонами и белком. Приправить солью, перцем и соком лимона. Для более легкой консистенции можно смешать с йогуртом.

К чему больше всего подходит этот соус?
Картофель в мундире, жареный картофель, цукини, огурцы (рисунок), запеченные или приготовленные на гриле баклажаны, холодное жаркое, заливное, запеченная рыба или рыба в панировке.

Вариант — соус с тунцом
Вместо корнишонов, петрушки и порубленного белка слить масло со 100 г тунца (в масле), размять вилкой, смешать с филе анчоусов, каперсами и майонезом и сделать пюре. Приправить 2–3 ч. л. сока лайма, морской солью и перцем.

Соус из тунца больше всего подходит к романскому салату, зеленой спарже, цукини, макаронам, картофелю, в мундире, телятина.

Вариант — классический «Ремулад»
Вместо филе анчоусов и каперсов — шнитт-лук, корнишоны и яйца, сваренные вкрутую, мелко порубить и перемешать. Особенно свежим он станет, если добавить мелко порубленное яблоко. «Ремулад» больше всего подходит к картофелю в мундире, запеченной рыбе, кальмарам, приготовленным во фритюре.

Маленькое дополнение
«Кресс-шизо» (на рисунке).

Нежный травяной соус

4 разных вида трав привнесут в соус не только свежесть, но и сладость, остроту и краску и, таким образом, отлично подойдут к весенним и летним салатам.

¹/₄ пучка гладкой петрушки
¹/₄ пучка укропа
8 перьев шнитт-лука
¹/₂ кочана кресс-салата
5 ст. л. молока
2 ч. л. острой горчицы
60 г творожного сыра (16% жирности)
100 г майонеза (примерно ¹/₂ порции основного рецепта на с. 12 или готовый продукт)
морская соль
черный свежемолотый перец

На 4 порции | ⊚ — 15 минут
В 1 порции около 140 ккал, 2 г белков, 12 г жиров, 8 г углеводов.

1. Петрушку, укроп и шнитт-лук вымыть и стряхнуть лишнюю влагу. Оторвать листики петрушки и веточки укропа и мелко порубить. Нарезать шнитт-лук мелкими колечками, срезать кресс-салат и мелко порубить.

2. Положить травы, молоко, горчицу в высокий стакан и с помощью блендера приготовить пюре. Добавить творожный сыр и майонез и еще раз смешать миксером. Приправить солью и перцем.

К чему больше всего подходит этот соус?

Огурец, цукини (свежий, как на рисунке, приготовленный на гриле или жареный), кочанный салат, салатные сердцевины, картофель, макаронный салат, ростбиф, тушеное рыбное филе, крабы

Маленькое дополнение

Добавить сваренные вкрутую, порубленные яйца

Совет по замене

Если вы готовите на скорую руку, заменить свежие травы замороженной травяной смесью.

Вспененный апельсиновый соус

апельсин
лимон
$^1/_2$ ч. л. меда акации
100 г майонеза ($^1/_2$ порции основного рецепта на с. 12 или готовый продукт)
морская соль
белый свежемолотый перец
кайенский перец
белок

На 4 порции | ⊚ — 15 минут
В 1 порции около 110 ккал, 1 г белков, 8 г жиров, 8 г углеводов.

1. Вымыть апельсин и лимон в горячей воде и вытереть насухо. Натереть по 1 ч. л. цедры лимона и апельсина. Отжать сок апельсина и уварить до 50 мл, смешать с медом и остудить.
2. Смешать апельсиновый сок с майонезом, приправить солью, перцем, кайенским перцем, цедрой лимона и апельсина. Взбить белок и осторожно смешать с майонезом.

К чему больше всего подходит этот соус?

Нежные салатные смеси для закусок, фельд-салат, съедобные цветки, припущенное рыбное филе

Соус-коктейль

100 г майонеза ($^1/_2$ порции основного рецепта со с. 12 или готового продукта)
4 ст. л. кетчупа
3 ст. л. апельсинового сока
1 ст. л. марсала (или коньяка)
3 ст. л. сметаны
$^1/_4$ ч. л. порошка красной паприки
морская соль
черный свежемолотый перец
кайенский перец

На 4 порции | ⊚ — 5 минут
В 1 порции около 130 ккал, 1 г белков, 10 г жиров, 11 г углеводов.

1. Смешать майонез, кетчуп, апельсиновый сок, марсала (коньяк) и сметану.
2. Приправить порошком паприки, солью, перцем и кайенским перцем.

К чему больше всего подходит этот соус?

Морковь, салат «Айсберг», птица, крабы, креветки, фондю

Совет по замене

Сметану заменить таким же количеством взбитых сливок.

Ореховые дрессинги

Тот, кто до сих пор любил орехи только в чистом виде, должен обязательно попробовать это творение: паста, мусс и просто мелко натертые орехи, миндаль и многое другое — идеальная основа для пряных кремовых дрессингов. Насладитесь для начала нежным лимонным дрессингом с хрустящими готовыми розочками брокколи. Может быть, он станет для вас новым любимым салатом.

Лимонный соус с макадамией

80 г орехов макадамии (соленых
или натуральных)
$1/2$ сухих зерен зеленого перца
4 стебля лимонной мелиссы
2 ст. л. лимонного сока
1 ст. л. коричневого сахара
50 мл овощного бульона
1 свежий яичный желток
$1/4$ ч. л. сухого лимонного мирта
(или цедры лимона)
морская соль
1 ч. л. масла макадамии
На 4 порции | ⊙ — 10 минут
В 1 порции около 200 ккал,
2 г белков, 19 г жиров,
5 г углеводов.

1. Размолоть в измельчителе орехи макадамии в мусс. В ступке осторожно
размолоть перец. Мелиссу вымыть, подсушить и мелко порубить.
2. Смешать лимонный сок с сахаром.
Пока сахар не растворится, смешать с
овощным бульоном и размолотыми оре-

хами. Осторожно вмешать желток. Приправить лимонным миртом, солью и зеленым перцем. Масло осторожно перемешать с дрессингом и все посыпать
мелиссой.

К чему больше всего подходит этот соус?

Романский салат, кочанный салат, цукини, черешковый сельдерей, брокколи

Совет по замене

Лимонную мелиссу можно заменить лимонным тмином или петрушкой.

Салат из цукини

Вымыть 6 маленьких цукини, нашинковать круглыми ломтиками. Обжаривать
на 1 ст. л. растительного масла 2–3 минуты. Немного посолить и перемешать с
соусом. Порубить 20 г орехов макада-
мия и вместе с порубленной петрушкой
посыпать сверху.

Приятный | Фруктово-свежий

Дрессинг с тыквенными семечками

маленькое спелое авокадо
(100–120 г фруктовой мякоти)
1 1/2 ст. л. сока лайма
40 г мусса из тыквенных семечек
3 ст. л. яблочного сока
1/2 ч. л. сухих зерен зеленого перца
соль с пряностями
На 4 порции | ⊙ — 10 минут
В 1 порции около 140 ккал, 3 г белков, 13 г жиров, 2 г углеводов.

1. Авокадо разрезать пополам и вынуть косточку. Достать фруктовую мякоть с помощью ложки, размять вилкой.
2. Смешать сок лайма и мусс из тыквенных семечек. Постепенно добавлять яблочный сок, доводя все до необходимой консистенции, помешивая.
3. Размолоть зерна перца в ступке. Дрессинг приправить солью и перцем.

К чему больше всего подходит этот соус?
Картофель в мундире, романский салат, огурец, зеленый перец, черешковый сельдерей, цукини (натертый на терке или приготовленный на гриле), весенний лук (свежий или обжаренный), розочки брокколи или цветной капусты (приготовленные и остывшие)

Маленькое дополнение
Порубленные зеленые перцы чили

Отличное дополнение
Обжаренные семечки тыквы

Подходящие травы
Петрушка, шнитт-лук

Терпкий и фруктовый

Апельсиновый дрессинг с тахини

апельсин | 2–3 стебля тмина
75 г тахини (смесь из семечек кунжута)
4 ст. л. овощного бульона | морская соль
черный свежемолотый перец
1/4 ч. л. кайенского перца
1/4 ч. л. сумаха (уксусное дерево, магазин восточных продуктов)
На 4 порции | ⊙ — 10 минут
В 1 порции около 145 ккал, 5 г белков, 13 г жиров, 2 г углеводов.

1. Вымыть апельсин, натереть 2 ч. л. апельсиновой цедры, отжать 4–5 ст. л. сока. Тмин вымыть. Отложить несколько листочков в сторону, остальное порубить.
2. Тахини перемешать с бульоном и добавлять апельсиновый сок, пока не получится кремообразная консистенция. Приправить солью, перцем и кайенским перцем. Смешать половину сумаха с порубленным тмином. Оставшимся сумахом и листочками тмина посыпать сверху.

К чему больше всего подходит этот соус?
Морковь, романский салат, апельсиновый салат с луком

Хорошо знать, что...
Сумах — красно-коричневые кисло-горькие плоды, применялись на Востоке в сушеном или молотом виде в пищу.

Морковный салат с кунжутными семечками
Очистить 400 г моркови, мелко натереть. Порубить 1/2 пучка петрушки. Смешать морковь и петрушку с соусом. Обжарить 2 ст. л. кунжутных семечек и посыпать ими салат.

Слева: Дрессинг с тыквенными семечками | Справа: Апельсиновый дрессинг с тахини

Свежий | Острый

Кокосово-лаймовый дрессинг

Дрессинг для салатов и снэка с тропическими и карибскими нотками: свеже-лаймовый, пряный, сладкий и возбуждающе острый.

15 г свежего инжира
стручок красного перца чили
лайм
1 листочек лайма
$^1/_2$ пучка кинзы
2 ч. л. рыбного соуса
2 ч. л. сахара
150 мл густого кокосового крема

**На 4 порции | ⊙ — 20 минут
В 1 порции около 140 ккал,
2 г белков, 13 г жиров,
6 г углеводов.**

1. Очистить инжир и мелко нарезать. Перец чили разрезать вдоль на две части, почистить, вымыть и мелко нарезать. Лайм вымыть в горячей воде и вытереть насухо. Натереть 2 ч. л. цедры и отжать 1 ст. л. сока.

2. Вымыть листок лайма, подсушить. Стебель и твердые прожилки удалить, нарезать листок тонкими полосками, а жесткие части порубить.

3. Смешать рыбный соус с сахаром до полного растворения. Кокосовый крем перемешать с рыбным соусом и соком лайма. Затем вмешать в соус инжир, чили, цедру лайма, порубленный лист лайма и кинзу. Сверху посыпать отложенными листочками кориандра.

К чему больше всего подходит этот соус?

Китайская капуста (рисунок), ломтики моркови, весенний лук, черешковый сельдерей

Отличное дополнение

Манго (рисунок) или папайя (маринованная в соке лайма), рисовая лапша, креветки, филе грудки цыпленка

Травы

Мята, тайский базилик

Совет по замене

Кокосовый крем можно заменить кокосовым молочком. Банку перед применением не взбалтывать и применять только верхний густой слой.

Азиатский салат с рисовой лапшой

Приготовить 100 г рисовой лапши согласно указаниям на упаковке, откинуть на дуршлаг и прополоскать холодной водой, дать стечь воде и мелко нарезать. Очистить большую морковь и нашинковать тонкими ломтиками. Вымыть 2–3 шт. весеннего лука, нарезать тонкими кольцами. Перемешать овощи и лапшу с кокосово-лаймовым дрессингом. 2 ст. л. соленого арахиса крупно порубить и вместе с листьями кориандра посыпать на салат сверху.

Экзотический | Острый

Арахисовый дрессинг с самбал оелек

2 тонкие стрелки весеннего лука
1 зубчик чеснока
70 г арахисового мусса
80 г овощного бульона или бульона
из мяса птицы
1¹/₂ ст. л. лимонного сока
1 ч. л. самбал оелек | морская соль

На 4 порции | ⊗ **— 10 минут**
В 1 порции около 140 ккал, 5 г белков, 8 г жиров, 10 г углеводов.

1. Лук очистить, помыть и мелко порубить. Чеснок очистить и также мелко порубить.
2. Смешать арахисовый мусс, лимонный сок и бульон с помощью венчика до однородной консистенции. Приправить самбал оелек и солью. Вмешать лук и чеснок.

К чему больше всего подходит этот соус?
Морковь, китайская капуста, белокочанная капуста, манго

Маленькое дополнение
Обжаренный арахис

Отличное дополнение
Мясо на шпажках

Подходящие травы
Кинза, шнитт-чеснок, кресс-салат «Дайкон»

Хорошо знать, что
Шнитт-чеснок тоже зеленый, как и шнитт-лук, но с легким запахом чеснока.

Фруктовый | Сладко-острый

Ананасовый дрессинг с арахисом

стрелка весеннего лука
стручок красного перца чили
1–2 зубчика чеснока
¹/₂ пучка кинзы
4 ст. л. арахисового мусса
1 ч. л. светлого соевого соуса
1 ч. л. рисового уксуса
200 мл ананасового сока
морская соль

На 4 порции | ⊗ **— 15 минут**
В 1 порции около 110 ккал, 5 г белков, 8 г жиров, 4 г углеводов.

1. Весенний лук почистить и вымыть. Белую часть мелко нарезать, вторую нарезать тонкими кольцами. Перец чили разрезать на две части вдоль, почистить, вымыть и мелко нарезать. Чеснок почистить и мелко нарезать. Кинзу вымыть и стряхнуть излишки влаги, тонкие стебли и листья мелко порубить.
2. Смешать арахисовый мусс с соевым соусом и рисовым уксусом. Постепенно добавлять ананасовый сок, доводя соус до необходимой консистенции, помешивая.
3. Белую часть весеннего лука смешать с чили, чесноком и кинзой, приправить солью. Посыпать сверху зеленью лука.

К чему больше всего подходит этот соус?
Мелко нашинкованная белокочанная капуста, китайская капуста. Ломтики моркови, салатный цикорий

Маленькое дополнение
Порубленный арахис, свежий ананас

Сверху: Ананасовый дрессинг с арахисом | Снизу: Ананасовый дрессинг с самбал оелек

Дрессинг с кешью

1 лимон
стручок зеленого перца чили
$1/2$ ч. л. сухих зерен зеленого перца
75 г мусса из кешью
75 мл бульона из мяса птицы или
овощного бульона (или прозрачная
кокосовая вода)
морская соль

На 4 порции | ⊕ **— 15 минут**
В 1 порции около 120 ккал, 5 г бел-
ков, 9 г жиров, 4 г углеводов.

1. Лайм вымыть и вытереть насухо. Натереть 1 ч. л. цедры лайма, отжать сок.
Стручок чили разрезать вдоль на две
части, очистить, вымыть и очень мелко
нарезать. Растолочь перец в ступке.
Ореховый мусс и бульон смешать до
однородной консистенции. Заправить
цедрой лайма и соком, чили, перцем и
солью.

К чему больше всего подходит этот соус?
Салатные сердцевины, ананас, папайя

Маленькое дополнение
Обжаренные орехи кешью, мята, кинза

Дрессинг с фундуком

1 спелый банан (100 г фруктовой мякоти)
3 ст. л. мусса из фундука
150 мл апельсинового сока
морская соль | черный перец
свежемолотый мускатный орех
$1/2$–1 ч. л. самбал оелек

На 4 порции | ⊕ **— 5 минут**
В 1 порции около 110 ккал, 2 г бел-
ков, 8 г жиров, 8 г углеводов.

1. Банан очистить и размять. Добавить
ореховый мусс и апельсиновый сок, приготовить пюре. Приправить солью, перцем, мускатным орехом и самбал оелек.

К чему больше всего подходит этот соус?
Салатный цикорий, радиччо, сырая морковь или сельдерей

Маленькое дополнение
Рубленый, обжаренный фундук

Совет по замене
Мускатный орех можно заменить ванильной пастой, ванильным порошком
или плодами диптерикса. Продолгова-
тый плод диптерикса натирают как мускатный орех, он имеет ванильный
аромат.

Фруктовый | Пряный

Яблочный дрессинг с миндалем

70 г коричневого миндального мусса
(из очищенного миндаля)
4 ст. л. яблочного сока (1 ст. л. концентрированного яблочного сока)
$1/_2$ ч. л. яблочного уксуса
1–2 щепотки порошка корицы
$1/_4$ ч. л. свежемолотого мускатного ореха
$1/_2$ ч. л. кайенского перца (или чили
пассила)
морская соль
черный свежемолотый перец
На 4 порции | ⊙ — 10 минут
В 1 порции около 130 ккал, 4 г бел-
ков, 10 г жиров, 6 г углеводов.

1. Смешать миндальный мусс, яблочный
сок, яблочный концентрированный сок
и уксус с помощью венчика. По желанию можно добавить чуть больше яблочного сока. Сильно приправить корицей, мускатным орехом, кайенским перцем, солью и перцем.

К чему больше всего подходит этот соус?
Корень сельдерея (сырой или вареный)
с яблоком, зеленый салат, «Лоло россо»,
обжаренная красная паприка, баклажаны и тыква, приготовленные на гриле

Горько-сладкий | Пикантный

Медовый дрессинг с грецким орехом

70 г грецких орехов
$1^1/_2$ ст. л. зерновой горчицы
1 ст. л. меда (степного, каштанового)
1 ст. л. бальзамического уксуса
4 ст. л. бульона | морская соль
черный свежемолотый перец
2 ст. л. масла грецкого ореха
На 4 порции | ⊙ — 10 минут
В 1 порции около 190 ккал, 3 г бел-
ков, 16 г жиров, 7 г углеводов.

1. Ядра грецкого ореха размолоть. Оре-
ховую муку смешать с горчицей, медом и
уксусом. Постепенно добавлять бульон.
Приправить солью и перцем. Осторожно
по капле вмешать растительное масло.

К чему больше всего подходит этот соус?
Корень сельдерея (нашинкованный в
сыром виде или сваренный ломтиками),
свекла, салатный цикорий с яблоком

Маленькое дополнение
Обжаренные, крупно порубленные
грецкие орехи

Травы
Тмин, розмарин (мелко порубленный)

Низкокалорийные дрессинги

Кто полагает, что от соусов только полнеют, узнает: это не так. Меньше жира не означает меньше вкуса: в легких соусах, таких как клубничный дрессинг, сладкие, кислые, острые и пряные элементы соединяются в заманчивые дрессинги, которые только и ждут, чтобы сочетаться с вашим любимым салатом.

Клубничный дрессинг

250 г клубники
1 ст. л. кленового сиропа
1 ст. л. клубнично-фруктового
(или малиново-фруктового) уксуса
1 ст. л. масла грецкого ореха
морская соль (например, «Флер де
сель»)
черный свежемолотый перец
кайенский перец

На 4 порции | ⊕ — 15 минут
В 1 порции около 60 ккал, 0 г бел-
ков, 3 г жиров, 7 г углеводов.

1. Клубнику очистить, вымыть, нарезать крупными кусочками и приготовить пюре.
2. Добавить кленовый сироп и уксус, перемешать. Осторожно, с помощью миксера, по капле вмешивать растительное масло. Приправить солью, перцем и кайенским перцем.

К чему больше всего подходит этот соус?
Фельд-салат (рисунок), романский салат, «Лоло россо», салатный цикорий, радиччо

Отличное дополнение
Филе грудки утки, филе грудки цыпленка, нарезка из ростбифа, вяленая говядина, кусочки клубники (рисунок)

Травы
Мята, лимонный тмин, лимонная мелисса

Варианты
Клубнику можно заменить белыми персиками. Перед тем как сделать из персиков пюре, следует некоторое время бланшировать их в кипятке и снять кожицу. Вместо фруктового уксуса можно взять бальзамический.

Совет по сервировке
Хорошо подходит к изысканным десертам, таким как темный мусс «Au chocolat» (шоколадный), «Панна котта» или приготовленные на гриле, нафаршированные козьим творожным сыром персики. В этом случае соль не добавлять.

Фруктово-кислый | Острый

Дрессинг с киви и халапеньо

2–3 шт. весеннего лука | 3 больших киви
1–2 стручка зеленого перца чили
(например, перец халапеньо)
$1^1/_2$ ст. л. концентрированного яблоч-
ного сока | несколько капель лимонно-
го сока (или бальзамического уксуса)
1 ст. л. масла расторопши | морская соль
черный свежемолотый перец
На 4 порции | ⊘ — 20 минут
В 1 порции около 70 ккал, 1 г бел-
ков, 3 г жиров, 10 г углеводов.

1. Лук очистить, вымыть, стручки чили
разрезать вдоль, очистить, вымыть. Все
мелко нарезать. Киви очистить от кожуры, крупно нарезать, сделать пюре.
Смешать пюре из киви с концентриро-
ванным яблочным соком (как вариант с
лимонным соком) и растительным маслом, приправить солью и перцем. Перемешать с луком и перцем чили.

К чему больше всего подходит этот соус?
Кочанный салат, салат «Айсберг», романский салат, авокадо

Отличное дополнение
Копченая рыба, филе грудки цыпленка

Экзотический | Фруктовый

Дрессинг с хурмой

2 зеленые коробочки кардамона
$1/_2$–1 ч. л. сухих зерен зеленого перца
лайм | 2 спелые хурмы (350 г)
$1/_2$–1 ч. л. пасты харисса
морская соль
2 ч. л. оливкового масла
На 4 порции | ⊘ — 15 минут
В 1 порции около 90 ккал, 0 г бел-
ков, 3 г жиров, 12 г углеводов.

1. Кардамоновые коробочки вскрыть,
размолоть семена кардамона и зерна
перца в ступке. Лайм вымыть в горячей воде и насухо вытереть; натереть
2 ч. л. цедры и отжать 2 ст. л. сока. Хур-
му очистить и сделать пюре. Перемешать с соком лайма, цедрой и пастой
харисса. Приправить солью, кардамо-
ном и перцем. Осторожно по капле добавить оливковое масло.

К чему больше всего подходит этот соус?
Радиччо, фельд-салат, одуванчик, эндивий, фризе, «Лоло россо», зеленый салат

Отличное дополнение
Филе грудки утки, вареная свинина, вяленая говядина

Дрессинг с манго и самбал оелек

большое манго (250 г фруктовой мякоти)
$1/2$–1 ч. л. сухих зерен зеленого перца
1 ст. л. рисового уксуса | морская соль
1 ст. л. кленового сиропа
$1/2$–1 ч. л. самбал оелек (или порошка карри)
2 ч. л. миндалевого масла (или масла макадамии)
На 4 порции | ⊕ — 15 минут
В 1 порции около 70 ккал, 0 г белков, 3 г жиров, 11 г углеводов.

1. Манго очистить, отделить фруктовую мякоть от косточки, нарезать и сделать пюре. При необходимости пропустить пюре через сито. Перец размолоть в ступке. Смешать фруктовое пюре с уксусом, кленовым сиропом и самбал оелек. Приправить солью и перцем. Осторожно по каплям добавить растительное масло.

К чему больше всего подходит этот соус?
Фризе, одуванчик, радиччо, зеленый салат, «Лоло россо», свекла

Отличное дополнение
Рыбное филе, креветки, свиное филе, кинза

Сливовый дрессинг с инжиром

15 г свежего инжира
5 ст. л. сливового мусса
1 ст. л. яблочного уксуса (или рисового уксуса)
3 ст. л. яблочного сока | морская соль
черный свежемолотый перец
пакетик цейлонского порошка корицы
2 ст. л. масла расторопши
На 4 порции | ⊕ — 10 минут
В 1 порции около 80 ккал, 0 г белков, 3 г жиров, 14 г углеводов.

1. Инжир очистить и очень мелко порубить. Смешать сливовый мусс с уксусом и яблочным соком. Приправить солью, перцем и корицей. С помощью венчика осторожно вмешать масло, добавляя его по капле, затем вмешать инжир.

К чему больше всего подходит этот соус?
Радиччо, красная капуста, салат фризе

Маленькое дополнение
Яблоко, груша, петрушка

Отличное дополнение
Нарезка из жареной свинины, куриная и телячья печень

Восточный финиковый дрессинг

*Благоухающая корица, ароматный орегано, сладкие финики
и горький тмин прекрасный вкус и восточный насыщенный аромат.*

¹/₄ л апельсинового сока
100 г финиковой пасты
(магазин восточных продуктов)
лайм
3 стебля тмина
морская соль
черный свежемолотый перец
1–2 пакетика кайенского перца
1–2 пакетика порошка корицы
2 ч. л. оливкового масла (или аргано-
вого масла)

**На 4 порции | ⏱ — 20 минут
В 1 порции около 140 ккал,
0 г белков, 3 г жиров,
28 г углеводов.**

1. Апельсиновый сок вскипятить. Финиковую пасту разрезать на кусочки, добавить в сок, растопить, помешивая, и оставить кипятиться еще на 10 минут. Остудить.

2. Помыть лайм в горячей воде и насухо вытереть; натереть 2 ч. л. цедры, отжать 3 ч. л. сока. Тмин вымыть, стряхнуть излишки влаги, листья оторвать и мелко порубить. Остывший

дрессинг смешать с соком лайма, солью, перцем, кайенским перцем и порошком корицы. Вмешать масло, цедру лайма и тмин.

К чему больше всего подходит этот соус?

Салатный цикорий (с мякотью апельсина и красным луком, как на рисунке), радиччо, рукола, морковь

Отличное дополнение

Вяленая говядина, ростбиф, филе грудки цыпленка

Вариант

Заменить оливковое масло маслом грецкого ореха. Дополнительно посыпать грецкими орехами сверху. Вместо финиковой пасты использовать твердые финики (свежие финики не очень подходят), очистить их от кожуры, достать косточку и сделать пюре.

Совет по сервировке

Соус в горячем виде великолепно сочетается с кускусом и мясом ягненка.

Благородный | Удивительно гармоничный

Эспрессо-дрессинг

300 мл апельсинового сока
1 ст. л. коричневого сахара
3 ч. л. зерен эспрессо
1/2 ч. л. ванильной пасты
пакетик кайенского перца
(или чили анчо)
2 ч. л. масла грецкого ореха
На 4 порции | 🕐 **— 25 минут**
В 1 порции около 90 ккал, 1 г белков, 5 г жиров, 10 г углеводов.

1. Вскипятить апельсиновый сок с сахаром и уварить до 80 мл (до состояния сиропа), затем остудить. Зерна эспрессо перемолоть, сварить из 2 ч. л. с малым количеством воды крепкий эспрессо. Смешать сироп и эспрессо. Перемешать ванильную пасту и оставшийся порошок эспрессо. Приправить солью, перцем и кайенским перцем. Осторожно вмешать масло.

К чему больше всего подходит этот соус?
Салатный букет (рисунок)

Отличное дополнение
Свиное филе, грудка утки, спина косули, обжаренные боровики

Особенно пряный | Фруктовый

Абрикосовый дрессинг

75 г сушеных абрикосов | 150 мл овощного бульона или из мяса птицы
10 мл апельсинового сока
1 ч. л. уксуса шерри | морская соль
черный перец | пакетик порошка корицы
пакетик молотого душистого перца
кайенский перец | 2 ч. л. масла грецкого ореха (или арганового масла)
На 4 порции | 🕐 **— 25 минут**
В 1 порции около 120 ккал, 1 г белков, 3 г жиров, 19 г углеводов.

1. Вскипятить сушеные абрикосы с апельсиновым соком и бульоном, затем кипятить еще 10–15 минут и поставить остывать. Сделать пюре, при надобности добавить еще бульона или апельсинового сока. Смешать абрикосовое пюре с уксусом. Приправить солью, перцем, корицей, душистым перцем и кайенским перцем. Осторожно, по каплям, добавить масло.

К чему больше всего подходит этот соус?
Романский салат (рисунок), морковь, фельд-салат

Маленькое дополнение
Сосновые орешки и фисташки, тмин, мята и петрушка

Очень освежающий | *Хрустящий*

Яблочный дрессинг с чили

2 стебля черешкового сельдерея
2 стебля мяты | морская соль | черный
свежемолотый перец | $1/2$ яблока
2 ст. л. яблочного уксуса
2 ст. л. сахара | 6 ст. л. яблочного сока
1 ст. л. масла косточек винограда
На 4 порции | ⏲ **— 20 минут**
В 1 порции около 70 ккал, 0 г белков, 3 г жиров, 12 г углеводов.

1. Сельдерей вымыть, очистить, нарезать вдоль полосками, затем мелко нарезать. Мяту вымыть, листья оторвать, нарезать сначала вдоль полосками, затем мелко. Стручок перца чили разрезать вдоль, очистить, вымыть, мелко нарезать. Яблоко вымыть, удалить сердцевину и вместе с кожурой мелко нарезать.
2. Смешать яблочный уксус с сахаром, пока он не растворится. Смешать с яблочным соком и добавить масло. Затем добавить кусочки яблока, чили, сельдерей и мяту. Приправить солью и перцем.

К чему больше всего подходит этот соус?
Овощной салат, чечевица, овощная нарезка с рисовой лапшой

Отличное дополнение
Нарезка из ростбифа

Травы
Кресс-салат, петрушка, шнитт-лук, кинза

Варианты
Черешковый сельдерей заменить весенним или красным луком. Замечательно подходит как соус к весенним рулетикам.

Нежно-фруктовый | *Ароматный*

Яблочный дрессинг с шерри

250 г яблок | 2 ч. л. рапсового масла
2 ч. л. коричневого сахара
50 мл овощного бульона или бульона из мяса птицы
2 ст. л. шерри
1 ст. л. уксуса из шерри
1 ст. л. кленового сиропа
морская соль | кайенский перец
черный свежемолотый перец
2 ч. л. масла фундука (или масла грецких орехов)
На 4 порции | ⏲ **— 25 минут**
В 1 порции около 120 ккал, 0 г белков, 5 г жиров, 13 г углеводов.

1. Яблоко очистить, разделить на 4 части, удалить сердцевину и разрезать на кусочки. Разогреть рапсовое масло на сковороде и обжаривать на нем кусочки яблока около 10 минут, чтоб они стали мягкими. Посыпать их сахаром, чтобы они покрылись карамелью. Залить все бульоном и шерри. Яблоки с помощью блендера превратить в пюре и дать остыть.
2. Добавить уксус и кленовый сироп в яблочное пюре, приправить солью, перцем и кайенским перцем. Осторожно, по каплям, вмешать масло фундука.

К чему больше всего подходит этот соус?
Лук, рукола, зеленый салат, фризе

Отличное дополнение
Авокадо

Травы
Петрушка, шнитт-лук, кресс-салат

Слева: Яблочный дрессинг с чили | Справа: Яблочный дрессинг с шерри

Соевый дрессинг с васаби

Даже если жир, как правило, является носителем вкуса, этот питательный и пряный японский дрессинг обходится без масла.

1 ягода свежего инжира
2 шт. весеннего лука
$^1/_2$ пучка кинзы
$^1/_2$ ч. л. соли с пряностями
1 ч. л. сахара
3 ст. л. рисового уксуса
1 ч. л. васаби
5 ст. л. светлого соевого соуса
2 ст. л. овощного бульона

На 4 порции | ⊚ — 15 минут
В 1 порции около 20 ккал,
1 г белков, 1 г жиров, 4 г углеводов.

1. Инжир очистить и нарезать очень мелко. Лук очистить, вымыть и очень мелко нарезать. Кинзу вымыть и стряхнуть излишки влаги. Листья и нежные стебли мелко порубить.
2. Смешать соль и сахар с рисовым уксусом, перемешивать, пока сахар и соль в нем не растворятся. Добавить васаби и основательно все перемешать, затем добавить соевый соус и бульон. Вмешать инжир, лук и кинзу.

К чему больше всего подходит этот соус?

Огурцы, нарезанная белокочанная капуста и морковь, зеленая фасоль (рисунок), вареные розочки цветной капусты

Маленькое дополнение

Добавить 1–2 ч. л. темного кунжутного масла, обжаренные семечки кунжута, мелко нарезанный красный перец чили, мелко порубленный чеснок

Отличное дополнение

Сырой лосось или тунец, креветки

Сладко-острый | Совсем без масла

Медовый дрессинг с горчицей

2 ст. л. дижонской горчицы | 2 ст. л. меда акации | 2 ст. л. бальзамического уксуса
6 ст. л. бульона мяса птицы или овощного бульона
морская соль | черный перец
На 4 порции | ⊚ — 5 минут
В 1 порции около 40 ккал, 0 г белков, 1 г жиров, 9 г углеводов.

1. Смешать горчицу и мед. Сначала осторожно добавить уксус, а затем постепенно вмешать бульон. Немного посолить и приправить перцем.

К чему больше всего подходит этот соус?
Все листовые салаты, овощи, приготовленные на гриле или копченые

Отличное дополнение
Грудка утки, копченое рыбное филе

Травы
Шнитт-лук, кресс-салат, петрушка

Вариант
Чтобы соус был более светлым вместо бальзамического уксуса следует добавить белый бальзамический уксус.

Освежающий | Сладко-кислый

Дрессинг из свеклы

150 г свеклы (вареной)
50 мл овощного бульона
1–$\frac{1}{2}$ ст. л. яблочного уксуса
2 ст. л. концентрированного яблочного сока
1 ст. л. сахара | морская соль
зеленый свежемолотый перец
$1\frac{1}{2}$ ст. л. подсолнечного масла
4 веточки укропа
На 4 порции | ⊚ — 10 минут
В 1 порции около 90 ккал, 1 г белков, 4 г жиров, 12 г углеводов.

1. Крупно нарезать свеклу, добавить бульон, уксус и яблочный сок, сделать пюре. Приправить пюре сахаром, солью и перцем. Осторожно, по каплям, влить масло, перемешивая. Укроп вымыть, мелко порубить и перемешать с дрессингом.

К чему больше всего подходит этот соус?
Салат из яблок и чечевицы, картофель в мундире

Отличное дополнение
Филе матье

Совет по замене
Заменить масло крем-фрешем.

Свежий и легкий

Моцарелла с манго и руколой

200 г руколы
$1/_2$ пучка базилика
3 шт. весеннего лука
1 свежее манго
200 г моцареллы
3 ст. л. апельсинового уксуса
(или белого бальзамического уксуса)
2 ч. л. меда
5 ст. л. оливкового масла
соль
черный свежемолотый перец
На 4 порции | ⊚ **— 15 минут**
В 1 порции около 270 ккал,
12 г белков, 21 г жиров,
8 г углеводов.

1. Руколу помыть, очистить, высушить и расщипать на средние кусочки. Базилик вымыть, стряхнуть излишки влаги, листочки оторвать. Лук очистить, вымыть и нарезать наискосок кольцами.

2. Манго очистить, отделить мякоть от косточки и нарезать тонкими кусочками. Слить с моцареллы жидкость, разрезать пополам, половину нарезать ломтиками.

3. Смешать руколу и листья базилика. Красиво разложить на тарелке ломтики моцареллы, кусочки манго и весенний лук.

4. Для соуса смешать 1 ст. л. воды с уксусом и медом. Вмешать масло с помощью венчика. Хорошо приправить солью и перцем.

К чему больше всего подходит этот соус?
Чиабатта, багет, турецкая лепешка или ароматный хлеб, например, с сушеными томатами

Совет по замене
Есть моцарелла маленькими кусочками, специально для салата, в виде палочки или обезжиренная моцарелла. Для тех, кому хочется более благородного вкуса, может использовать моцареллу из молока черных буйволиц. Она в три раза дороже, чем обычная, имеет другую консистенцию и более нежный вкус.

Отличные дополнения и топпинги

1   2   3

Гренки можно приготовить по-разному: на 1 человека ¹/₂–1 кусок тостового хлеба, отрезать корочку, нарезать кубиками в 1 см и обжаривать без масла, постоянно помешивая до золотистого цвета. Если же обжарить их на небольшом количестве сливочного, оливкового масла или на смеси из сливочного и растительного масла, тогда они получатся еще вкуснее.

Чесночные гренки подходят к средиземноморским салатам или салатам с томатами. 3–4 зубчика чеснока раздавить и обжарить на оливковом масле, выложить, обжарить кусочки белого хлеба на растительном масле до золотистого цвета. Выложить на бумагу для выпекания, дать стечь излишкам масла, посыпать морской солью. Если сверху посыпать еще тертый сыр пармезан, на вкус они будут более пряными.

Гренки с травами Обжарить кусочки хлеба на масле. Добавить мелко порубленный чеснок и 1 ч. л. семян кумина, продолжая помешивать, обжаривать, пока гренки не станут золотисто-коричневатого цвета. Посыпать ¹/₂ ч. л. порошка карри или гарам масала, еще немного обжарить. Выложить и немного посолить.

Сыр, анчоусы, яйца и оливки, кусочки сыра фета, сыра пекорино, тертый пармезан или ломтики козьего творожного сыра привносят пряность и сделают из салата полноценный прием пищи. О более интенсивном вкусе заботятся филе анчоусов, сушенные томаты и оливки. Вареные яйца также привнесут вкус (рис. 1).

Орехи и семечки привносят вкус и аромат в салат: подходят почти все орехи. Особенно вкусно получается, если растительное масло сочетается с орехами: грецкий орех с маслом грецкого ореха, фундук с маслом фундука или тыквенные семечки с тыквенным маслом. Особенно благородные сосновые орешки. Дешевле, но также вкусны будут семена подсолнечника или кунжута (рис. 2).

Ростки и зародыши Богатые витаминами и почти не калорийные сладко-хрустящие ростки азиатской фасоли, нежно-пряные ростки люцерны, острые ростки горчицы, сильно-пряный пажитник, острые ростки редиса и редьки и зародыши семян подсолнечника средней пряности или зерна пшеницы (рис. 3). Их можно купить как самостоятельный сорт или в смесях, либо вырастить на подоконнике.

Уксус влияет на кислоту и характер

Вкусовая палитра уксуса распространяется от нежно-фруктовых до кисловатых, от горько-кислых до интенсивных сладко-кисловатых нот.

Винный уксус хорош как исходный продукт. Уксус красного вина может содержать до 8% кислоты. Вкус имеет сильный горько-кисловатый и хорошо подходит к средиземноморской кухне. Белый винный уксус содержит обычно около 6% кислоты и сочетается с рыбой, ракообразными и листовыми салатами. Особенными являются сортовые винные уксусы.

Уксус шерри на 100% состоит из вина «Шерри». Он гармонирует с маслом грецкого ореха и маслом фундука и подходит к салату эндивий или руколе.

Ароматные винные уксусы За названиями «малиновый уксус» или «клубничный уксус» часто скрываются винные уксусы, которые были ароматизированы фруктовыми экстрактами.

Настоящие фруктовые уксусы Для того чтобы получить высококачественные фруктовые уксусы, надо, чтобы фруктовые соки забродили и превратились в фруктовые вина, а эти, в свою очередь, перебродили во фруктовые уксусы, — это длительный процесс. Из малины получится малиновое вино и, наконец, малиновый уксус с интенсивным фруктовым вкусом и нежным кислым вкусом. Таким же образом производят сортовые и выразительные фруктовые уксусы из голубики, айвы, вишни, груш и томатов, а также фруктовые бальзамические уксусы, например, из яблок.

Яблочный уксус Изготовленный на 100% из яблочного вина, яблочный уксус на вкус освежающе-фруктовый и мягче, чем винный. Существует чистый яблочный уксус и мутный, при этом мутный уксус на вкус интенсивнее. Яблочный уксус отлично подходит к смеси слабого и орехового растительных масел, таких как масло виноградных косточек и масло фундука.

Рисовый уксус Родом из Азии, рисовый уксус производят из рисового вина. Некоторые продукты содержат на 3–4% меньше кислоты, чем другие сорта уксусов, которые должны содержать 5%. Рисовый уксус подходит к азиатским салатам, особенно в сочетании с соевым соусом, рыбным соусом и маслом кунжута.

Бальзамический уксус Глубоко-темный, густой, интенсивный на вкус уксус занял свое место на нашей кухне. Так как название «Balsamico» не защищено, многое подделывается и производится с сахаром, карамелью, ароматизаторами и консервантами. Обращайте внимание на этикетку: настоящий «Balsamico» называется «Aceto Balsamico di Modena» и не содержит больше 6% кислоты. На упаковках с высококачественными сортами на первом месте в ингредиентах стоит виноградное сусло, а на втором винный уксус. На более дешевых сортах ингредиенты поменяны местами.

От нежно-миндального до тыквенно-пряного

Выбор растительных масел, которые придадут дрессингу правильную консистенцию и завершат его во вкусовом отношении, велик.

Нейтральные, нежные масла Подсолнечное и кукурузное масло являются классиками среди масел. Они имеют нейтральный вкус и прекрасно подходят для изготовления майонезов и смешивания с ароматными маслами, такими как масло грецкого ореха. Рапсовое масло имеет почти нейтральный вкус, с легкой ореховой ноткой.

Фруктовые нежные масла Виноградное масло холодного отжима имеет фруктовую кислинку и подходит к интенсивным салатам, таким как «Лоло россо». Рафинированное масло виноградных семечек мягче на вкус. Масло расторопши на вкус фруктово-мягкое. Масло холодного отжима ароматнее, чем рафинированное.

Ореховые масла Самое известное ореховое масло — немного горькое масло грецкого ореха. Оно подходит ко всем листовым салатам. Приятно-пряным вкусом обладает желто-коричневое масло фундука. Миндальное масло беловато-светлое и очень нежное на вкус.

Очень дорогое масло арганы производится из семян арганы, похожих по форме на миндаль. На вкус оно пряное и напоминает обжаренные орехи, его следует использовать в небольших количествах.

Особенно ценным является нежное, сладковато-ореховое масло макадамии. Таким же исключительным и благородным является фисташковое масло и масло сосновых орешков.

Сильно ароматным и немного землистым вкусом обладает темно-зеленое тыквенное масло.

Экстремально интенсивным вкусом обладает темно-коричневое масло кунжута, которое отжимается из обжаренных семян. Его применяют в малых количествах для ароматизации азиатских блюд.

Ореховые масла, как правило, холодного отжима и особенно восприимчивы. Они не переносят жары и быстро становятся прогорклыми. Поэтому следует приобретать их в небольших количествах и быстро использовать. Масло следует хранить в прохладном и темном месте.

Оливковые масла Многие итальянские, испанские, южнофранцузские или греческие регионы имеют свои рецепты. Чем чистосортнее и благороднее масло, тем характерней его вкус. Предлагается все — в зависимости от сорта оливок, степени их зрелости, климата и региона: от нежно-мягкого до фруктово-свежего, травяного до терпко-горького вкуса. Цвет оливкового масла варьируется от желтого до темно-зеленого. Кроме того, существуют смеси из различных видов масел. Лучшее и дорогое масло называется «Extra nativ» и изготавливается из спелых оливок высокого качества сразу после сбора урожая. Качество «Nativ» — оливковое масло изготавливается не из таких качественных оливок, но все же без нагревания. Простое оливковое масло — смесь из «Nativ» и рафинированного масла.

6. Ничего для недотрог

Чувствительные виды салатов, такие как зеленый или кочанный, не заливать компактным дрессингом. Они лучше всего сочетаются с легким соусом.

7. Нежное сочетание

Для соуса «Винегрет» следует комбинировать ароматное масло с нежным уксусом. Или наоборот: интенсивный уксус с нейтральным маслом.

8. Дрессинги на хранение

Соус «Винегрет» без лука, чеснока, яиц и трав хранится в холодильнике плотно закрытым 5–6 дней. Самостоятельно сделанные майонезы не больше 1–2 дней (есть опасность заражения сальмонеллой).

9. Купить в Интернете

10. Сушим салат

Для того чтобы дрессинг не был водянистым и хорошо сцепился с салатом, вымытые салатные листья следует хорошо просушить. Быстро и практично — стряхивание лишней влаги. Можно аккуратно протереть салатные листья кухонным полотенцем.

Для того чтобы Вы быстро могли найти нужные Вам рецепты, в этом алфавитном указателе есть еще и ингредиенты, такие как **авокадо** или **йогурт** — в алфавитном порядке, которые стоят перед соответствующими рецептами.

УДК 641
ББК 36.99
М 34

Настоящее издание представляет собой перевод оригинальной немецкой книги
«1 Salat — 50 Dressings», Bettina Metthaei

Перевод с немецкого *Юлии Габдуллиной*
Оформление обложки: *дизайн-студия «Графит»*
Фотограф *Вольфганг Шардт*

Рецепт с фото на обложке: Брусничный соус, с. 32; Дрессинг из свеклы, с.57;
Яблочный соус «Винегрет», с. 21; Йогуртовый соус с мятой, с. 31; Абрикосовый дрессинг, с. 53

Подписано в печать 31.08.2011. Формат 60x90/16.
Бумага офсет. Усл. печ. л. 4,5. Тираж 4000 экз. Заказ № 3788и.
Общероссийский классификатор продукции ОК-005-93, том 2;
953000 – книги, брошюры.

М 34   Матте, Б.
50 соусов для салата. От простого до изысканного / Беттина Матте; фот. В.Шардт;
пер. с нем. Ю. Габдуллиной. – М.: АСТ: Астрель; Владимир: ВКТ, 2011. – 72 с.: ил. –
(Иллюстрированная технология приготовления).

ISBN 978-5-17-075676-6 (ООО «Издательство АСТ»)
ISBN 978-5-271-37491-3 (ООО «Издательство Астрель»)
ISBN 987-3-8338-1429-7 (нем.)
ISBN 978-5-226-04583-7 (ВКТ)

Так как заправка в салате является «точкой», для вас в этой книге собрано 50 изысканных
салатных заправок, которые легко можно приготовить. Все салатные соусы, васаби — острые,
освежающе-легкие, травянисто-свежие и фруктово-нежные, на вкус единственные в своем роде.
Эта книга проведет вас через джунгли салатных и овощных сортов, опишет вам вкус и аромат, даст советы по комбинированию.

УДК 641
ББК 36.99

Ответственный за выпуск *Нина Попова*
Младший редактор *Алёна Рудомётова*
Технический редактор *Татьяна Тимошина*
Корректор *Ирина Мокина*
Компьютерная верстка *Анны Грених*

ООО «Издательство Астрель»
129085, г. Москва, пр-д Ольминского, 3а

ООО «Издательство АСТ».
141100, РФ, Московская обл., г. Щелково, ул. Заречная, д. 96.

Вся информация о книгах и авторах «Издательской группы АСТ»
на сайте: www.ast.ru   E-mail: astpub@aha.ru

ОАО «**Владимирская книжная типография**». 600000, г. Владимир, Октябрьский пр-т, д. 7.
Качество печати соответствует качеству предоставленных диапозитивов

- ★ Модные диеты
- ★ Интервью со звездами
- ★ Эксперименты
- ★ Ресторанный гид
- ★ Полезные рецепты
- ★ Новости со всего мира
- ★ Косметические новинки
- ★ Советы молодым мамам

new diet

ЖУРНАЛ О ВКУСНОЙ ЕДЕ
И КРАСИВОЙ ФИГУРЕ

THE NATIONAL
GEOGRAPHIC TRAVELER

Путеводитель, проверенный временем

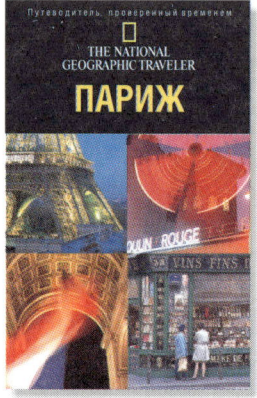

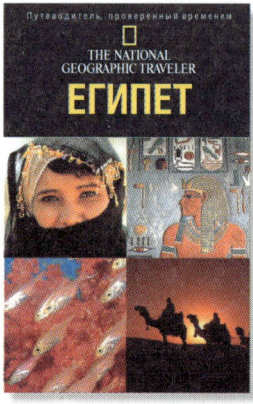

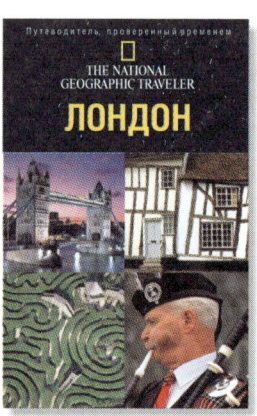

- Австралия
- Амстердам
- Барселона
- Вашингтон
- Великобритания
- Венеция
- Германия
- Гонконг
- Греция
- Египет
- Индия
- Испания
- Италия
- Калифорния
- Канада
- Китай
- Куба
- Лондон
- Нью–Йорк
- Париж
- Прага и Чешская Республика
- Рим
- Таиланд
- Флоренция и Тоскана
- Франция
- Япония

Книги в этой серии